Vente des Mardi 26 et Mercredi 27 Décembre 1876

SALLE N° 3

COLLECTION DE M. LE BARON DE B***

OBJETS D'ART

ET

DE CURIOSITÉ

EXPOSITIONS

PARTICULIÈRE	**PUBLIQUE**
Le Dimanche 24 Décembre 1876,	Le Lundi 25 Décembre 1876

DE UNE HEURE A CINQ HEURES.

COMMISSAIRE-PRISEUR,	EXPERT,
Me CHARLES PILLET,	M. CHARLES MANNHEIM,
10, rue de la Grange-Batelière.	7, rue Saint-Georges.

CATALOGUE

DES

OBJETS D'ART

ET DE CURIOSITÉ

Belles et anciennes Porcelaines de Saxe, de Vienne et autres, telles que :
Beaux Groupes, Statuettes, Cache-pots, Vases,
Appliques, Flambeaux, Cabarets, Plats, Assiettes, Écuelles, etc.;
Belles Potiches, grands Plats, Bols, etc., en ancienne porcelaine de la Chine et du Japon;
Belle Cafetière en argent du temps de Louis XV;
Vases et Vidrecomes en argent repoussé et doré du XVIIe siècle;
Tabatières et Montres en or ciselé et émaillé; Boîtes en porcelaine de Saxe;
Émaux peints; Bronzes d'art et d'ameublement; Meubles divers;
Cadres de glace en bois sculpté du temps de Louis XIV; Pendules en marqueterie;

TAPISSERIES, TAPIS & ÉTOFFES

COMPOSANT

La Collection de M. le Baron de B***

ET DONT LA VENTE AURA LIEU

HOTEL DROUOT, SALLE N° 3

Les Mardi 26 et Mercredi 27 Décembre 1876,

A DEUX HEURES.

Par le ministère de Me CHARLES PILLET, Commissaire-Priseur,
10, rue de la Grange-Batelière,

Assisté de M. CHARLES MANNHEIM, Expert, 7, rue Saint-Georges,

Chez lesquels se distribue le Catalogue.

EXPOSITIONS :
PARTICULIÈRE : le Dimanche 24 Décembre 1876.
PUBLIQUE : le Lundi 25 Décembre 1876.

DE UNE HEURE A CINQ HEURES

CONDITIONS DE LA VENTE.

Elle sera faite au comptant.

Les acquéreurs payeront en sus des adjudications, *cinq pour cent* applicables aux frais.

L'exposition mettant le public à même de se rendre compte de l'état des objets, il ne sera admis aucune réclamation une fois l'adjudication prononcée.

Paris. — Typ. PILLET et DUMOULIN, 5, rue des Grands-Augustins.

DÉSIGNATION DES OBJETS

PORCELAINES DE SAXE

1 — Deux grands et beaux cache-pots en ancienne porcelaine de Saxe décorés de fleurs, à anses têtes d'hommes
en ronde bosse et à bord supérieur imitant des chutes
d'eau.

2 — Deux jolis vases en forme de balustre, en ancienne
porcelaine de Saxe à ornements en relief et décorés de
fleurs et de larges écussons armoriés. Première époque.

3 — Deux beaux vases de forme ovoïde en ancienne porcelaine de Saxe décorés de fleurs et d'oiseaux de style
chinois et rehaussés de dorure. Marque AR.

4 — Jolie paire d'appliques à trois branches porte-lumières, modèle rocaille et fleurs en relief. Vieux Saxe.

5-6 — Quatre jolis flacons en forme de gourde à médaillons bustes de souverains en relief et à anses mascarons
têtes de femmes. Première époque de Saxe.

7 — Grande et belle paire de flambeaux en ancienne porcelaine de Saxe, modèle rocaille, décorés de fleurs et
à festons de fleurs en relief.

8 — Deux flambeaux analogues à ceux qui précèdent
mais plus petits.

9 — Deux autres grands flambeaux en vieux Saxe, décorés
de fleurs et d'oiseaux de style chinois et à ornements
gaufrés en relief.

10 — Moutardier en vieux Saxe, avec cuiller, décoré de
fleurs.

11-12 — Deux fonds de sacs en ancienne porcelaine de
Saxe composés d'ornements rocaille à jour et décorés
de sujets Watteau et militaires très-finement peints.

13 — Petite écuelle à deux anses avec plateau rond et couvercle en ancienne porcelaine de Saxe à décor de style
chinois.

14 — Ménagère formée de trois citrons posés sur un plateau forme feuille. Vieux Saxe.

15 — Très joli tête-à-tête en ancienne porcelaine de Saxe,
décoré de sujets dans le style de Watteau. Il se compose de deux tasses avec soucoupes, d'un sucrier, d'un
pot à crème et d'une petite fontaine à thé ; cette der-
nière de forme ovoïde et avec robinet en argent ciselé.

16 — Grand vase de forme ovoïde à couvercle plat, en ancienne porcelaine de Saxe fond lilas et larges médaillons à sujets chinois rehaussés d'or. Marque AR.

17 - Grande soupière et son plateau, à anses têtes de béliers, en ancienne porcelaine de Saxe décorée de fleurs et portant des armoiries. Le couvercle est surmonté d'une couronne.

18 — Autre soupière de même porcelaine à anses à mascarons, décorée de fleurs de style chinois.

19 — Deux tasses hautes avec couvercles et plateau à contours et à galeries découpées, en ancienne porcelaine de Saxe, décorés de sujets Watteau. Belle qualité.

20 — Belle pièce de surtout en ancienne porcelaine de Saxe de forme contournée à fleurs en relief et ornements rocaille et surmontée d'une corbeille.

21 — Théière et bol en vieux Saxe, décorés de fleurs.

22 — Deux sucriers en vieux Saxe, l'un d'eux gaufré, décoré d'oiseaux et l'autre en forme de panier décoré de fleurs.

23 — Sucrier pour le sucre en poudre en forme de vase en vieux Saxe décoré d'oiseaux et de fleurs.

24 — Écuelle à deux anses avec couvercle et plateau en

ancienne porcelaine de Saxe décorée de fleurs de style chinois.

25 — Plat ovale de même porcelaine à décor de fleurs de style chinois et portant des armoiries.

26 — Trois tasses à deux anses et quatre soucoupes en vieux Saxe à décor de fleurs de style chinois.

27 — Deux salières modèle coquille à trois pieds en vieux Saxe à ornements gaufrés et décor de fleurs.

28 — Cabaret en ancienne porcelaine de Saxe à côtes, décoré de fleurs émaillées carmin et rehaussées d'or. Il se compose de cinq grandes pièces et quinze tasses avec soucoupes.

29 — Joli cabaret en vieux Saxe décoré de sujets chinois très-finement exécutés. Il se compose de quatre grandes pièces, six grandes tasses à deux anses et si petites avec soucoupes.

30-31 — Deux écuelles à deux anses plates, avec couvercle et plateau en ancienne porcelaine de Saxe, à sujets chinois encadrés de riches ornements rehaussés d'or.

32 — Beau cabaret en ancienne porcelaine de Saxe fond bleu d'eau et médaillons marines et paysages. Il se compose de sept grandes pièces, de six grandes tasses et de six petites tasses avec soucoupes.

GROUPES & FIGURINES

EN VIEUX SAXE

33 — Quatre grandes et belles figures en ancienne porcelaine de Saxe représentant les saisons. Hauteur, 25 cent.

34 — Grand et beau groupe : Geai et écureuil sur tronc d'arbre. Vieux Saxe.

35 — Joli groupe de trois figures : Enfants pêcheurs sur terrasse rocaille. Vieux Saxe.

36 — Autre joli groupe de trois figures : Allégorie du Printemps. Vieux Saxe.

37 — Deux bouts de table formés chacun d'une figurine de jeunes garçons assis sur deux paniers. Vieux Saxe.

38 — Groupe de trois figures : Orphée, Eurydice et l'Amour. Vieux Saxe.

39 — Groupe de trois figures : Vénus, deux amours et un mouton. Vieux Saxe.

40 — Deux statuettes sur socles carrés : Jupiter et Neptune. Vieux Saxe.

41 — Deux beaux oiseaux en vieux Saxe. Poule et Coq.

42 — Vache debout en vieux Saxe.

43 — Deux grandes statuettes : Berger et Bergère. Vieux Saxe.

44 — Grive debout sur un tronc d'arbre. Vieux Saxe.

45 — Perroquet debout sur un tronc d'arbre. Vieux Saxe.

46 — Figure de femme assise près d'une corbeille de fleurs et d'un mouton. Vieux Saxe.

47 — Figurine de jeune fille debout entourée de branches de vigne. Vieux Saxe.

48 — Groupe de deux singes assis au pied d'un arbre. Vieux Saxe.

49 — Quatre figurines mignonnettes : Négrillon, deux Marquis et une Marquise.

50 — Deux statuettes : Bacchus debout. Vieux Saxe.

51 — Joli groupe figurant l'Europe et composé d'une femme couronnée assise sur un cheval se cabrant. Vieux Saxe.

52 — Deux statuettes sur socles ornés de mascarons : Bergère debout et jeune fille jouant du tambourin. Vieux Saxe.

53 — Joli petit groupe composé de trois figures d'enfants nus jouant avec des fleurs. Vieux Saxe.

54 — Deux statuettes : Berger et Bergère jouant de divers instruments. Vieux Saxe.

55-56 — Six très-petites figures d'amours travestis. Vieux Saxe.

57 — Jolie figurine de Polichinelle enfant. Vieux Saxe.

58 — Joli petit buste de poupon en vieux Saxe.

59 — Jolie pantoufle en ancienne porcelaine de Saxe à décor en couleurs et or.

60-62 — Dix petits chiens carlins et autres et un perroquet. Le tout en ancienne porcelaine de Saxe. Ce lot sera divisé.

63 — Deux figurines de femmes en vieux Saxe. Chacune d'elles s'appuie sur une buire de forme rocaille.

64 — Jolie statuette de trompette en costume Louis XV. Vieux Saxe.

65 — Deux lapins couchés. Vieux Saxe de belle qualité.

66 — Deux figurines en vieux Saxe. Bergère et Meunier.

67 — La petite Jardinière. Statuette en vieux Saxe.

68 — Le marchand de gâteaux. Vieux Saxe.

69 — Petit chien faisant le beau. Vieux Saxe.

70 — Très-petite figurine de marquise en costume de chasse. Vieux Saxe.

PORCELAINES DE VIENNE

ET AUTRES

71 — Deux vases de forme ovoïde, en porcelaine de Vienne, à anses têtes de béliers dorées, et fond gros bleu décoré de paysages et d'ornements en or et en relief.

72 — Chocolatière en porcelaine de Vienne à décor genre Sèvres à jetés de fleurs et filets bleus.

73 — Cache-pot de même porcelaine, de forme coutournée à anses rocaille surélevées, bord orné de fleurettes en relief et décor de fleurs.

74 — Deux autres cache-pots en porcelaine de Vienne à ornements gaufrés en relief et décors de fleurs.

75 — Déjeuner en porcelaine de Vienne, fond café au lait,

festons de fleurs et rehauts d'or. Il se compose d'un plateau à bords à jour, de deux tasses avec soucoupes, et trois grandes pièces.

76 — Petite corbeille ronde de même porcelaine gaufrée à vannerie et décorée de fleurs.

77 — Cafetière à décor de paysages en camaïeu rose. Porcelaine de Frankenthal.

78 — Jolie boîte oblongue à couvercle en ancienne porcelaine de Berlin, décorée de fleurs.

79 — Coupe à deux anses et à couvercle en ancienne porcelaine de Vienne, décorée de fleurs et d'ornements de style chinois.

80 — Corbeille ovale de même porcelaine à fleurs en relief.

81 — Beau cabaret en porcelaine de Vienne décoré de médaillons sujets mythologiques, et encadrements composés d'ornements d'or en relief. Il se compose d'un plateau à angles coupés, trois grandes pièces et trois tasses.

82 — Joli sucrier en ancienne porcelaine de Sèvres, pâte tendre, fond bleu de Vincennes et médaillons d'oiseaux encadrés d'or. Epoque Louis XV.

83 — Deux plateaux forme losange et un sucrier en vieux Sèvres, pâte tendre, décorés de fleurs et à bords rubannés et jetés de roses.

84 — Quatre pièces de même porcelaine et décor, mais en pâte dure : soupière, deux plats et un moutardier sans couvercle.

85 — Deux médaillons en biscuit de Sèvres à figures réservées en blanc sur fond bleu. Offrande à l'amour et la remontrance.

86 — Cinq plats et quatre assiettes à décor en grisaille et or à figures et ornements.

87 — Coupe ronde à couvercle surmontée d'une branche formant poignée, en ancienne porcelaine italienne (?), décorée d'ornements émaillés violet et or et à fleurettes en relief.

GROUPES & STATUETTES

EN PORCELAINE DE VIENNE

88 — Grand et beau groupe de deux figures en ancienne porcelaine de Vienne : la leçon de flûte.

89 — Groupe de trois enfants de même porcelaine : la cueillette des pommes.

90 — Deux cygnes en ancienne porcelaine de Vienne. L'un
d'eux a un petit cygne sur son dos.

91 — Groupe de deux figures, ancienne porcelaine de
Vienne : bergère et berger, ce dernier joue de la flûte,

92 — Les quatre parties du jour représentées par quatre
figurines d'enfants villageois, dans diverses attitudes.

93 — Groupe de deux figures : les petits artistes.

94 — Deux statuettes en ancienne porcelaine de Vienne :
berger et bergère.

95 — Deux statuettes; l'une en blanc représente une mar-
chande de fleurs, et l'autre décorée un Scapin,

GROUPES & STATUETTES

EN PORCELAINE D'ALLEMAGNE

96 — Suite de sept figurines, en ancienne porcelaine de
Nymphenbourg : Chinois adorant une idole.

97 — Les saisons figurées par quatre petits bustes d'hommes et de femmes. Même porcelaine.

98 — Deux jolies statuettes d'enfants figurant Jupiter et
Junon.

99 — Petit groupe en porcelaine de Ludwigsburg : jeune femme jouant de la guitare.

100 — Deux figurines : petit jardinier en porcelaine de Furstemberg, et paysan se drapant dans son manteau.

101 — Deux figurines de la fabrique de Hœchst : paysan et paysanne.

102 — Figurine de pâtissier, en ancienne porcelaine de Frankenthal.

PORCELAINES DE CHINE

ET DU JAPON

103 — Deux grandes et belles potiches en ancienne porcelaine du Japon, à riche décor de fleurs, animaux et ornements en bleu rouge et or. Les couvercles sont surmontés de chimères.

104 — Trois potiches à couvercles, en ancienne porcelaine de Chine, à décor en émaux de la famille verte, à grandes figures de femmes dans des paysages.

105 — Trois potiches en ancienne porcelaine du Japon, à décor en camaïeu bleu. Ces pièces n'ont pas de couvercles.

106 — Deux cornets de même porcelaine et de décor analogue.

107 —-Deux petites potiches en vieux Japon, à décor en bleu rouge et or.

108 — Beau plat en ancienne porcelaine de Chine à riche décor en émaux de la famille verte, à chimère, lambrequins et ornements.

109 — Deux plats en ancienne porcelaine de Chine, à décor en émaux de la famille rose, à fleurs au centre et chevaux au Marly.

110 — Deux autres plats en vieux Chine, décorés de fleurs et d'ornements en émaux de la famille rose.

111 — Belle coupe ronde avec couvercle, en ancienne porcelaine de Chine, à décor de fleurs et d'ornements en émaux de la famille rose.

112 — Petit vase, forme dite pot à tabac, en vieux Chine, fond dit capucin et médaillons de paysages en émaux de la famille rose.

113 — Deux bols à côtes avec plateaux, en ancienne porcelaine de Chine, à riche décor de fleurs et d'ornements.

114-115 — Quatre grands plats ronds, à décor de paysages en bleu rouge et or.

116 — Deux petits vases en ancienne porcelaine coréenne, décorés de fleurs et garnis de pieds, gorges et poignées en cuivre doré.

117 — Beau bol en ancienne porcelaine du Japon, à riche décor de fleurs et médaillons de paysages émaillés en couleurs.

118-120 — Cinq plats ronds à décor de fleurs et ornements en bleu rouge et or.

121 — Beau plat rond et creux en vieux Japon à riche décor en bleu rouge et or rehaussé de vert.

122 — Autre plat rond et creux de même porcelaine, mais moins riche.

123 — Deux petits plats en vieux Chine, à décors variés.

124 — Quatre compotiers en vieux Chine, dont deux à décors en émaux de la famille rose et deux en émaux de la famille verte.

125 — Deux tasses avec soucoupes en vieux Chine, avec décor européen à figures de Chinois et ornements.

126 — Petite coupe ronde en vieux Chine montée en cuivre.

ORFÉVRERIE

127 — Joli vase de forme cylindrique en argent repoussé
et doré, décoré de fruits, de fleurs et d'enroulements.
Il repose sur un pied à balustre décoré de mascarons et
garni de trois petites anses à rinceaux. Le couvercle,
de même travail que la pièce elle-même, est surmonté
d'une statuette de guerrier debout. Travail allemand
des premières années du xvıı° siécle. Haut. totale,
36 cent.

128 — Petit vidrecome à anse en argent repoussé et doré
décoré de têtes de génies ailés, de festons de fruits et
d'ornements. Le couvercle est surmonté d'une figurine
d'enfant assis tenant des grappes de raisin. Mêmes travail et époque. Haut., 18 cent.

127 — Vidrecome en argent repoussé doré en partie. Il
offre au pourtour dans des médaillons ovales, des
enfants assis tenant des gerbes de blé et des fleurs et
figurant le Printemps et l'Été. Le couvercle est orné
d'une rosace découpée et surmonté d'une boule. Mêmes
travail et époque. Haut., 17 cent.

130 — Autre vidrecome en argent repoussé et doré, à
pans et à bossages, les premiers décorés de trophées
d'armes et d'instruments de musique gravés, les se-
conds de groupes de fruits et d'ornements. L'anse
est formée d'une cariatide et le couvercle est surmonté

d'un groupe de quatre petites consoles. Travail allemand du xviie siècle. Haut., 21 cent.

131 — Joli vidrecome en argent repoussé et doré, décoré de corbeilles de fruits et d'oiseaux et enrichi de trois médaillons ovales rapportés représentant des génies debout entourés d'entrelacs. Le couvercle est surmonté d'un lion héraldique tenant un écusson. Travail allemand des premières années du xviie siècle. Haut., 17 cent.

132 — Autre vidrecome en argent doré repoussé à bossages et gravé. L'anse est ornée d'une tête de génie. Travail allemand du xviie siècle. Haut., 16 cent.

133 — Drageoir en forme de cygne debout en argent gravé et doré. Un petit lézard est rapporté en argent sur la terrasse. Mêmes travail et époque. Haut., 18 cent.

134 — Deux petits gobelets en argent doré reposant sur trois boules et portant des armoiries gravées. Mêmes travail et époque. Haut., 55 millim.

136 — Grande et belle cafetière en argent, de travail français du temps de Louis XV, à côtes sinueuses et à goulot orné d'un mascaron du plus beau caractère. Elle repose sur trois pieds cintrés décorés d'ornements gravés et son manche est en bois sculpté du temps. Cette pièce porte le poinçon de Germain (Pierre). Haut., 31 cent.

136 — Deux petits flambeaux en argent à tiges cannelées.
xviiiᵉ siècle. Haut. 20 cent.

137 — Plateau rond à bords festonnés en argent doré. Il
repose sur trois boules unies. Diam., 27 cent.

138 — Plateau long à contours reposant sur quatre pieds
à enroulements, en argent doré décoré d'ornements
gravés. Il est accompagné de deux flacons en verre
gravé avec bouchons en vermeil, une salière double, un
coquetier et un couvert, ce dernier composé de cinq
pièces, le tout en argent gravé et doré. Travail allemand du xviiiᵉ siècle.

139 — Deux salières en argent repoussé et doré, décorées
d'ornements rocaille et à trois pieds cintrés. Allemagne.
xviiiᵉ siècle.

140 — Petit gobelet en argent repoussé et doré, décoré
d'entrelacs et de médaillons renfermant des attributs
divers. Mêmes travail et époque.

141 — Petite cafetière en vermeil, le couvercle est décoré
d'ornements rocaille et de fleurs. Même travail.

142 — Ecuelle avec couvercle en argent repoussé et doré,
décorée d'ornements rocaille et à deux anses formées
de feuilles. Travail allemand du temps de Louis XV.

143 — Bol à contours en argent repoussé et doré, décoré
d'ornements rocaille. Mêmes travail et époque.

144 — Buire avec plateau en argent repoussé et ciselé à
fleurs et ornements rocaille.

BIJOUX

145 — Tabatière ovale en or émaillé rougeâtre et cha-
toyant à quadrilles et à cordons à feuillages. Le couvercle encadré d'un rang de demi-perles est orné
d'un sujet composé de trois figures. Epoque Louis XVI.

146 — Bonbonnière ronde en or taillé à facettes et à
oiseaux et fleurs gravés sur fond d'émail blanc, bleu
clair, noir, etc. Même époque.

147 — Boîte de forme décagone en or guilloché et à
cordons ciselés à feuillages. Epoque Louis XVI.

148 — Montre en or de diverses couleurs ciselé à sujets :
Jeux d'enfants. Epoque Louis XV.

149 — Montre de même travail à sujet de chasse très-
finement ciselé. Même époque.

150 — Montre du temps de Louis XVI, en or ciselé. La
cuvette représente le sujet de la fable : Le renard et la
cygogne.

151 — Reliquaire en forme de losange en or repoussé à
coquilles et ornements et à médaillons gravés.

152 — Grand et joli cadran solaire avec boussole, calendrier perpétuel, très-finement gravé et à ornements repercés à jour.

153 — Boîte de forme hexagone en ancien laque du Japon à décor d'or. La charnière et le fermoir en or repoussé, ont la forme d'un éventail et datent du temps de Louis XV.

154 — Deux petites coupes rondes en émail à fond rose et décor d'or et d'émail blanc. Le bord supérieur est garni de feuillages et de branches de fleurs en argent ciselé et repercé à jour.

155 — Joli petit nécessaire en vernis de Martin à fond rouge, décoré de sujets de chasse finement peints. Il est enrichi d'incrustations d'argent.

156 — Tabatière carrée en ancienne porcelaine de Saxe à ornements gaufrés et décorée de vues de villes et de sujets militaires. Monture en or gravé.

157 — Tabatière carrée de même porcelaine, vues de villes et groupes de figures.

158 — Tabatière en émail de Saxe à fond bleu rehaussé d'or et médaillons sujets militaires. Monture en argent ciselé et doré.

159 — Tabatière carrée en émail de Saxe, à sujets mythologiques peints en couleurs.

160 — Autre boîte en émail de Saxe, décorée de sujets Watteau et d'un buste d'homme à l'intérieur.

161 — Boîte ronde en ivoire guilloché décorée d'une miniature portrait de femme.

162 — Etui en ancienne porcelaine de Saxe décoré de festons de fleurs et de quadrillages sur fond vert.

163 — Châtelaine Louis XVI, ornée de médaillons émaillés sur or.

164 — Tabatière ovale en vieux Saxe, à ornements gaufrés et sujets dans le style de Watteau.

155 — Petite boîte de forme lenticulaire à bords gaufrés et décor de fleurs. Vieux Saxe.

166 — Camée ovale à deux couches, composition de cinq figures, sujets mythologiques.

ÉMAUX & MINIATURES

167 — Deux médaillons ronds peints sur émail : Portraits de Henri IV et de Marie de Médicis. On lit au revers, *Peint par Thouron, d'après le tableau original appartenant à Mgr. le duc de Sully, à Paris,* 1772. Dans des cadres en argent doré et émaillé.

168 — Médaillon rond peint sur émail et paraissant avoir été exécuté par la même main que les émaux qui précèdent. Portrait de Boileau (?). Cadre en argent gravé et doré.

169 — Médaillon rond peint sur émail par le même. Portrait de Voltaire. Cadre en argent gravé et doré.

170 — Médaillon rond peint sur émail pouvant servir de pendant à celui qui précède. Portrait de Jean-Jacques Rousseau (?). Cadre en argent gravé et doré.

171 — Deux médaillons ovales peints sur émail d'après Van Dyck. Portraits d'hommes.

172 — Médaillon ovale peint sur émail. Portrait de jeune seigneur en costume rouge.

173 — Médaillon ovale peint sur émail. Portrait d'homme portant une perruque grise et un habit de velours bleu. Travail anglais.

174 — Miniature ovale sur ivoire ; Vénus et l'Amour.

BRONZES D'AMEUBLEMENT

175 — Belle paire d'appliques du temps de la régence, en bronze ciselé et doré, ornées de dragons et à deux branches porte-lumières soutenues par des figures d'enfants.

176 — Autre paire d'appliques du temps de Louis XV, à
deux lumières, ornées de cariatides d'enfants s'échap-
pant de consoles.

177 — Deux flambeaux cassolettes du temps de Louis XVI;
en bronze ciselé et doré, ornés chacun de trois dauphins
enlacés.

178 — Deux petits flambeaux Louis XVI; chacun d'eux
est formé d'une figurine d'enfant assis tenant une bran_
che de roses.

179 — Deux petits chenets Louis XV composés d'ornements
rocaille.

180 — Grande pendule du temps de l'empire en bronze et
marbre ornée de deux figures en bronze vert et d'un
enfant en bronze doré.

181 — Deux candélabres en bronze doré et marbre blanc;
chacun d'eux se compose d'une figure de femme debout
tenant quatre branches porte-lumières et reposant sur
des socles en marbre blanc.

182 — Quatre brûle-parfums en bronze du temps de l'empire sur socles en marbre vert de mer.

183 — Grand cartel de style Louis XV en bronze, modèle
rocaille surmonté du char de Vénus et orné à la partie
inférieure d'un groupe représentant Vénus endormie e
l'Amour.

184 — Petit cartel Louis XVI en bronze surmonté d'un vase et orné de festons de lauriers.

185 — Petit cartel Louis XV en bronze doré, composé d'ornements rocaille, avec mouvement à tirage.

OBJETS VARIÉS

186 — Horloge de bureau de forme carrée et plate en cuivre ciselé et doré. Travail allemand des dernières années du XVIᵉ siècle.

187 — Jolie sculpture en haut relief sur bois représentant saint Georges terrassant le dragon. XVIᵉ siècle.

188 — Deux jolies petites statuettes en bronze représentant des figures allégoriques; elles reposent sur des socles triangulaires et à gorges décorés d'ornements. Travail de la fin du XVIᵉ siècle.

189 — Figure de Pomone en bronze tenant une corne d'abondance.

190 — Deux grands vases en forme de potiche à couvercle en ancienne faïence de Delft, décor polychrome à fleurs.

191 — Plat rond en faïence de Delft à décor en camaieu bleu.

192 — Petit plateau ovale en cuivre repoussé et doré.

MEUBLES

193 — Joli cabinet en ancien laque du Japon à riche décor d'or représentant des paysages. Il repose sur une table-support en bois sculpté à ornements découpés à jour.

194 — Joli petit cabinet fermant à deux portes, en bois d'ébène, enrichi au pourtour de plaques d'argent repoussé à figures d'amours et à l'intérieur de plaques d'argent ciselé et gravé. Epoque Louis XIII.

195 — Table-console à fond plein en marqueterie des trois parties, écaille, étain et cuivre et garnie de quelques ornements de bronze doré.

196 — Cabinet Louis XIII en marqueterie de bois à figures et ornements, il repose sur une table support en marqueterie.

197 — Petit cabinet en bois d'ébène incrusté d'ivoire et fermant à deux portes.

198 — Autre cabinet en bois d'ébène incrusté d'ivoire, avec porte à abattant.

199 — Commode du temps du Directoire à côtés cintrés formant étagère ornée aux angles de figures de femmes

debout et très-richement garnie d'ornements en bronze ciselé et doré au mat et à dessus de marbre.

200 — Coffret du temps de Louis XV garni d'ornements en cuivre découpé et doré.

201 — Très-grande pendule du temps de Louis XV en marqueterie de cuivre, écaille et nacre très-richement garnie de bronze rocaille. Elle est de forme contournée et elle est accompagnée de son socle de suspension.

202 — Beau cadre de glace du temps de Louis XIV en bois sculpté et doré surmonté d'un fronton décoré de figures et enrichi de deux retombés découpés à jour.

203 — Glace carrée avec cadre en bois sculpté et doré. Même époque.

204 — Pendule en marqueterie d'écaille et cuivre, forme droite, avec socle de suspension à consoles. Epoque Louis XIV.

205 — Petite pendule du temps de Louis XIV en marqueterie de cuivre et écaille garnie de bronzes; elle est surmontée d'une figurine d'enfant.

206 — Table carrée en bois sculpté et doré avec dessus formé d'un plateau en laque à décor d'or sur fond noir et à entre-jambes.

207 — Petite glace carrée avec cadre à moulures plaquées
d'écaille et garni aux angles d'ornements en argent.

208 — Six chaises à dossiers élevés couvertes de tapisseries
au petit point.

209 — Neuf chaises de même travail mais plus petites.

210 — Table à quatre pieds à dessus en tapisserie au petit
point.

211 — Belle chaise du temps de Louis XIV en bois sculpté
et doré couverte de tapisseries au petit point à fond d'or.

TAPISSERIES & TAPIS

212 — Grande et belle tapisserie représentant le sujet de
la clémence de Darius, avec encadrement composé d'ornements. Belle conservation. Haut., 3 m. 60 cent.;
larg., 4 m. 85 cent.

213 — Deux grandes tapisseries de Flandre à sujets tirés
de l'histoire de Salomon. Riches bordures de fleurs,
vases et oiseaux. Haut., 3 m. 80 cent.; larg.,
4 m. 50 cent., et 3 m. 85 cent.

214 — Petite tapisserie de Flandre décorée d'un vase de
fleurs et de cornes d'abondance et offrant dans sa par-

tie inférieure un tableau représentant Orphée charmant les animaux. Haut., 2. m 40 cent. ; larg., 2 m.

215 — Tapisserie de la fin du xvie siècle représentant uu sujet de chasse. La bordure se compose de figures, de fleurs et d'ornements.

216 — Lot de quatorze morceaux de tapisseries au point à sujets variés.

217 — Lot de bordures de tapisseries renaissance, à médail lons figures et fleurs.

218 — Très-grand tapis persan ancien à riche dessin.

219 — Autre grand tapis persan ancien mais moins grand.

220 — Autre grand tapis persan ancien.

221 — Tapis de prière persan à fond rouge.

ÉTOFFES

222 — Très-grand couvre-lit en satin blanc richement brodé en soies de couleurs et or à rinceaux, oiseaux et ornements.

223 — Couverture de lit en satin jaune décorée d'ornements dans le style de Berain, brodés en soies de couleurs.

224 — Baldaquin brodé en soie chenillée sur fond lamé d'argent.

225 — Six morceaux de brocart argent sur fond rouge feu.

226 — Pluvial en brocard argent sur fond vert émeraude.

227 — Lot de brocart argent sur fond bleu.

228 — Grand couvre-lit en perse ancienne, décoré de fleurs et d'oiseaux et rehaussé d'or.

229 — Petit tapis brodé en soies de couleurs à rinceaux, fleurs et animaux.

230 — Tablier à dessin en relief brodé en soie sur fond bleu clair.

231 — Couvre-lit en toile brodé en soie de couleurs à fleurs et rinceaux.

232 — Trois lambrequins très-finement brodés en soies de couleurs et argent à figures, fleurs et rinceaux. Époque Louis XIII.

233 — Deux lés velours rouge de Gênes sur fond lamé d'or, dessin dit à la couronne.

234 — Tapis de prière en drap brodé en soies de couleurs et argent et avec fond de velours rouge. Travail oriental.

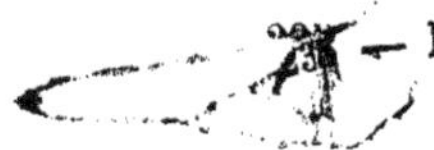 — Petit tapis de coton blanc brodé à fleurs.

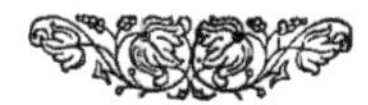

www.ingramcontent.com/pod-product-compliance
Ingram Content Group UK Ltd.
Pitfield, Milton Keynes, MK11 3LW, UK
UKHW031723170726
13836UKWH00001B/400